AF224517

Chambre des Députés.

2ᵉ SESSION 1839.

RAPPORT

FAIT

*Au nom de la Commission * chargée de l'examen du projet de loi relatif à l'organisation du Cadre de l'état-major général de l'armée de terre,*

PAR M. LE MARQUIS DE MORNAY.

Député de l'Oise.

Séance du 18 Juin 1839.

Mᴇssɪᴇᴜʀs,

La loi sur le cadre de l'état-major général de l'armée est sans nul doute une des plus importantes et des plus nécessaires qui aient été soumises à vos délibérations, en ce qu'elle touche à des intérêts

---

* Cette Commission est composée de MM. Sébastiani, Allard, le général Bachelu, le colonel Paixhans, Véjux, le maréchal Clauzel, le général marquis de la Bourdonnaye, le marquis de Mornay, le général Doguerau.

doublement sacrés, ceux du pays et ceux des braves qui dévouent leur existence à sa défense comme à sa gloire.

Cette loi qui, depuis quatre années successives, se représente devant vous, a été si longuement, si savamment, si scrupuleusement discutée, élaborée, modifiée dans l'une et l'autre Chambres, qu'il serait superflu de rentrer dans le cercle immense des généralités, où ne pourraient se reproduire que des renseignements ou des débats qui sont présents à la pensée de chacun de vous.

Votre Commission, préoccupée du besoin impérieux de satisfaire promptement au vœu de la Chambre et à l'attente de l'armée, a compris que, pour ne pas exposer cette loi aux chances d'un nouvel ajournement, tout aussi préjudiciable aux intérêts du Gouvernement qu'à ceux des officiers de tous les grades, et pour arriver enfin à lui assurer la sanction législative, il fallait se renfermer dans l'exposé simple et précis des modifications qu'elle vous propose d'apporter au projet du Gouvernement.

Tout en rendant justice à l'empressement que M. le Ministre de la guerre a mis à satisfaire aux réclamations de la Chambre, et tout en appréciant les améliorations apportées par lui aux projets de ses prédécesseurs, votre Commission aurait désiré qu'il se fût rapproché davantage du projet qui avait été adopté dans cette enceinte pendant la session de 1838.

Ainsi, M. le Ministre a omis d'énoncer aucune espèce de condition d'admission à la dignité de maréchal de France ; et relativement à l'admission des officiers généraux dans le cadre de réserve, il a laissé une part trop grande à l'arbitraire, en se réservant une latitude de huit années, c'est-à-dire la faculté de faire passer les officiers généraux de la première section dans la seconde, depuis l'âge de cinquante-sept ans jusqu'à celui de soixante-cinq pour les maréchaux de camp, et depuis l'âge de soixante jusqu'à soixante-huit pour les lieutenants généraux.

Votre Commission, Messieurs, pendant tout son travail, a été dirigée par une double pensée : celle de conserver intacte la prérogative royale, qu'elle respecte et ne voudrait pas amoindrir, et celle de garantir à tous l'équité du droit commun, si essentiel à maintenir et si conservateur.

En 1832, la Chambre, en insérant dans la loi de finances un article ayant pour objet d'obtenir du Gouvernement la fixation par une loi du cadre de l'état-major général, n'avait d'autre but, alors, que de diminuer le nombre toujours croissant des officiers généraux, et de réduire le chiffre de la dé-pense ; c'était donc, en définitive, une mesure de pure économie. Depuis, est intervenue la loi du 19 mai 1834, sur l'état des officiers, et la ques-tion a grandi.

La Chambre, maîtrisée par ce sentiment de jus-tice qui l'anime, appréciant à leur juste valeur les services éminents rendus par les officiers généraux, n'a pas voulu, qu'arrivés à ces échelons si élevés de la hiérarchie militaire, ils pussent être dépouil-lés par l'arbitraire, voire même par l'erreur, des avantages si péniblement et si glorieusement con-quis, et que la France fût à jamais privée de leurs services et de leur haute expérience. Aussi, dans les différents projets qu'elle a votés, elle a arrêté en principe, que les officiers généraux ne seraient plus admis à la retraite que sur leur demande, et qu'il serait formé un cadre de réserve, complétant ainsi, pour eux, par ces dispositions, les garanties accordées à tous les officiers, par la loi du 19 mai 1834. Mais, tout en favorisant de cette manière, et si équitablement les officiers généraux, la Chambre n'a jamais entendu que de pareils avantages pussent entraver l'avancement raisonnable, utile, nécessaire, auquel ont droit de prétendre tous les militaires, et c'est pour entretenir cette noble émulation si indispensable en temps de paix, qu'en divisant le cadre d'activité en deux sections, elle a fixé un âge pour le passage de la première section dans la seconde; par ce moyen, l'admission successive des officiers généraux, dans la réserve, produira dans la section d'activité des vacances qui permettront au Roi d'user d'une des plus belles de ses prérogatives, en récompensant par l'avancement le mérite et les bons services.

Ces hautes considérations, Messieurs, ont déterminé votre Commission à adopter de nouveau les principes posés antérieurement par la Chambre. Elle maintient donc :

La division du cadre de l'état-major général en deux sections,

La limite d'âge,

La retraite facultative pour les officiers généraux.

Je dois maintenant vous faire connaître, Messieurs, les changements que votre Commission vous propose d'apporter au projet de loi, et vous rendre compte des motifs qui l'ont déterminée.

L'article 1er du projet du Gouvernement fixe à huit le nombre des maréchaux de France pour le temps de paix; la Commission a pensé que ce chiffre était plus considérable que les besoins du service ne le réclamaient, eu égard à l'organisation de notre état militaire. Le nombre de six adopté dans la dernière session, nous paraît encore satisfaire à toutes les exigences.

Chacun de vous, Messieurs, comprendra que dans ce pays où cette dignité la plus élevée, non-seulement de l'échelle militaire, mais encore de l'échelle sociale, a été décernée à tant de travaux, tant de gloire, tant de dévoûment à la patrie, elle ne conservera tout son lustre qu'en la restreignant dans d'étroites et utiles limites. Plus il sera difficile d'y parvenir et plus vous aurez de nobles efforts à attendre de la part de ceux qui y prétendront. Mus par ces sentiments, plusieurs des membres de votre Commission auraient désiré qu'il ne fût pas fait de maréchaux de France en temps de paix; mais la majorité n'a pas voulu priver le pouvoir royal du droit d'élever à cette dignité des hommes que le complet du cadre, en temps de guerre, n'aurait pas permis de récompenser alors comme ils s'en seraient rendus dignes.

Toutes les considérations qui précèdent ont fait comprendre à votre Commission l'indispensable nécessité de fixer des conditions pour arriver au maréchalat. Ceux qui peuvent être appelés à tenir dans leurs mains les destinées du pays, doivent justifier au plus haut degré d'une capacité successivement éprouvée dans les grands commandements.

En adoptant, dans l'article 2 du projet de loi, le chiffre de 80 lieutenants généraux et 160 maréchaux de camp, formant en temps de paix le cadre d'activité, votre Commission a reconnu que ce nombre est plus que suffisant pour les nécessités ordinaires du service, puisque les budgets depuis plusieurs années ne demandent des fonds que pour l'activité d'un nombre moins considérable de lieutenants généraux et de maréchaux de camp, y compris même les aides de camp du Roi et des Princes. Mais elle n'a pas voulu refuser au Gouvernement le chiffre qu'il demande et qui avait été accordé l'année dernière, afin de ne pas le restreindre dans des limites trop étroites, que le bien du service l'obligerait peut-être à dépasser. Toutefois, nous espérons que le chiffre fixé ne sera pas inutilement complété en temps de paix, et qu'à moins de circonstances extraordinaires il suffira même pour le temps de guerre au moyen surtout de la faculté d'employer alors les officiers généraux faisant partie du cadre de réserve, ainsi que l'accorde l'article 3.

A cette occasion, nous devons faire remarquer que pendant tout le temps de cette activité momentanée, ces officiers jouiront de tous les avantages accordés à la position d'activité, par conséquent, pourront obtenir de l'avancement. Ce n'est que rigoureuse justice.

Nous arrivons, Messieurs, à l'article 5 du projet de loi, qui a été l'objet d'une discussion longue et approfondie dans le sein de votre Commission.

Cet article, ainsi que je l'ai dit plus haut, laisserait au Ministre d'une part le droit de faire passer dans la réserve un officier général n'ayant pas atteint l'âge fixé pour y être admis; de l'autre celui de le maintenir en activité après cet âge. La limite d'âge proposée par le Ministre devenait donc entièrement illusoire et consacrait un arbitraire que la Chambre a tant à cœur en toute circonstance de faire disparaître. Votre Commission n'a pas entendu non plus restreindre la prérogative royale, car elle pense qu'elle est grandement armée par la loi du 19 mai 1834, c'est-à-dire par le retrait d'emploi, position dans laquelle on peut laisser à toujours l'officier général comme on peut l'en tirer, s'il est reconnu qu'il a été la victime de l'injustice ou de l'erreur. Cette position dans l'intérêt de l'équité est bien préférable à la retraite qui frappe de mort militaire puisqu'elle ne permet plus de rentrer dans les cadres de l'armée (loi du 14 avril 1832)

Le Gouvernement dans son projet, substituait au droit de mettre à la retraite, droit auquel il renonce, celui de faire entrer avant l'âge dans le cadre de réserve. Cette disposition serait d'autant plus fâcheuse, qu'elle frapperait, suivant la volonté ministérielle, l'officier général en état de rendre de longs et bons services dont le pays serait privé jusqu'au moment où la guerre permettrait au Roi de le rappeler à l'activité, aux termes du projet de loi. Sous ce rapport il y aurait presque identité entre la position de réserve et celle de retraite.

La Commission a donc reconnu qu'il fallait établir une limite précise avant laquelle l'officier général ne pût pas être mis dans la réserve. Elle a adopté comme précédemment, l'âge de soixante-cinq ans pour les lieutenants généraux et celui de soixante-deux pour les maréchaux de camp, l'autorité royale ayant toujours le droit de conférer ou de retirer l'emploi, conforment à la loi du 19 mai 1834.

Ce n'est pas légèrement que la Commission a adopté ces limites d'âge; elle a apprécié d'une part le terme moyen jusqu'auquel peuvent généralement se supporter les fatigues du service militaire, de l'autre la juste proportion dans laquelle il y a lieu de satisfaire au besoin de l'avancement. Enfin la moyenne de l'âge auquel sont parvenus ét parviendraient dans les mêmes circonstances données les officiers supérieurs, moyenne qui ne diffère en ce moment pour les colonels que d'environ six mois de l'âge moyen des maréchaux de camp.

Votre Commission, dans le désir de satisfaire au vœu du Gouvernement, a adopté une mesure qui autorise le maintien dans le cadre d'activité jusqu'à l'âge de soixante-huit ans les lieutenants généraux qui seraient l'objet d'une ordonnance spéciale, délibérée en conseil et inscrite au *Bulletin des Lois*, et au delà de cet âge de ceux ayant commandé en chef de la manière indiquée au troisième paragraphe de l'article premier.

Ici une dissidence s'est établie dans la Commission, dont la minorité aurait desiré une règle commune pour tous.

L'article 8 du projet de loi du Gouvernement supprimait la retraite; la Commission n'a pas cru qu'il fallût ainsi faire sortir entièrement du droit commun ces officiers, et les priver des avantages consacrés par la loi du 11 avril 1831, sur les pensions militaires.

Elle a également entendu reconnaître que la retraite est la juste rémunération des services rendus à l'État, et qu'on ne saurait en priver un officier général qui, n'ayant pas encore atteint le temps exigé pour passer dans la réserve, voudrait quitter

le service après avoir rempli les conditions pres-
crites par la loi.

L'article 10 du projet de loi a pour objet de
fixer aux trois cinquièmes de la solde du grade,
sans les accessoires, le traitement des officiers généraux du cadre de réserve. Autant en considéra-
tion des longs et honorables services par lesquels
on arrive au grade d'officier général, et à la position de réserve, qu'en raison de l'espèce de disponibilité affectée à cette section dont les officiers généraux doivent constamment se tenir prêts à se rendre aux ordres du Gouvernement, si une guerre
éclatait, votre Commission a pensé, comme celle
de l'année dernière, qu'il y avait convenance et
justice à faire droit à la demande du Gouvernement.

Le Ministre de la guerre, dans son exposé des
motifs, s'est exprimé ainsi : « Nous n'avons pas
» parlé des officiers généraux maintenant en ré-
» forme, dont la position a été fixée par l'art. 22
» de la loi du 19 mars 1834. »

Une lacune existait dans le projet de loi présenté
par le Gouvernement, et, sur la demande du Ministre de la guerre, la Commission a adopté le
nouvel art. 10.

Tels sont, Messieurs, les résultats du travail de
votre Commission. Elle espère que vos suffrages
deviendront le prix de ses efforts.

Quelles que soient les dissidences qu'un examen
aussi scrupuleux ait pu faire naître sur quelques
points importants, nous sommes convaincus que
tous les pouvoirs de l'État reconnaîtront aujour-
d'hui la nécessité de s'entendre pour doter enfin
l'armée d'une loi si longtemps attendue et qu'elle

recevra comme un bienfait, puisqu'elle honore ses chefs, garantit leurs droits, et assure à tous cet avancement, juste récompense de tant de service et de dévouement.

Nous connaissons, Messieurs, toutes vos sympathies pour nos vieilles gloires militaires, pour cette jeune armée si pleine d'ardeur et d'espérance, qui soutient noblement à l'extérieur l'honneur de nos armes, et sait courageusement combattre à l'intérieur pour le maintien de nos institutions.

Confiante, Messieurs, dans ces sentiments généreux qui vous animent, votre Commission a l'honneur de vous proposer l'adoption du projet de loi amendé ainsi qu'il suit.

PROJET DE LOI.

PROJET DE LOI
Présenté par le Gouvernement.

Article premier.

Le nombre des maréchaux de France est fixé à huit, en temps de paix, et pourra être porté à douze en temps de guerre.

Lorsqu'en temps de paix le nombre des maréchaux de France devra être réduit, la réduction s'opérera par voie d'extinction ; toutefois, il pourra être fait une promotion sur trois vacances.

PROJET DE LOI
Amendé par la Commission.

Article premier.

Le nombre des maréchaux de France est de six au plus en temps de paix et pourra être porté à douze en temps de guerre.

Lorsqu'en temps de paix le nombre des maréchaux de France excédera la limite fixée, la réduction s'opérera par voie d'extinction ; toutefois il pourra être fait une promotion sur trois vacances.

La dignité de maréchal de France ne sera conférée qu'aux lieutenants généraux qui auront commandé en chef pendant la durée d'une campagne :

1° Une armée ou un corps d'armée composé de plusieurs divisions de différentes armes ;

2° Les armes de l'artillerie ou du génie dans une armée composée de plusieurs corps d'armée.

PROJET DE LOI
Présenté par le Gouvernement.

Art. 2.

Les lieutenants généraux et les maréchaux de camp forment un cadre qui se divisera en deux sections.

La première section comprend l'activité et la disponibilité.

La deuxième, la réserve.

La première section, en temps de paix, se composera, au plus, de quatre-vingts lieutenants généraux et de cent soixante maréchaux de camp.

La deuxième section comprendra tous les officiers généraux qui ne feront pas partie de la première section, et ceux dont la pension de retraite n'aura pas été liquidée à l'époque de la promulgation de la présente loi.

Art. 3.

En temps de paix, les emplois d'activité dévolus aux officiers généraux sont exclusivement conférés aux officiers généraux faisant par-

PROJET DE LOI
Amendé par la Commission.

Art. 2.

Comme au projet.

Comme au projet.

Comme au projet.
Comme au projet.

La deuxième section comprendra tous les officiers généraux qui cesseront de faire partie de la première par application de l'article 5 ci-après.

En temps de guerre, il ne pourra être fait de promotion en dehors des limites fixées pour la première section, que pour services éminents mis à l'ordre du jour de l'armée.

Art. 3.

Comme au projet.

PROJET DE LOI
Présenté par le Gouvernement.

PROJET DE LOI
Amende par la Commission.

tie de la première section.

En temps de guerre, les officiers généraux de la deuxième section pourront être employés.

Comme au projet.

Art. 4.

Il ne peut être fait de promotion dans le cadre de l'état-major général, qu'en raison des vacances qui surviennent dans la première section.

Art. 4.

Comme au projet.

Art. 5.

Ne seront susceptibles d'être admis dans la section de réserve, savoir :

Les lieutenants généraux, qu'à l'âge de soixante ans accomplis.

Et les maréchaux de camp, qu'à l'âge de cinquante-sept ans accomplis.

Toutefois, la présente disposition n'est point applicable aux officiers généraux qui se trouveraient dans l'un des cas prévus aux titres 1er et 3 de la loi du 19 mai 1834.

Art. 5.

Les lieutenants généraux à l'âge de soixante-cinq ans accomplis, et les maréchaux de camp à soixante-deux ans accomplis, cessent d'appartenir à la première section pour passer dans la seconde.

Toutefois, pourront être maintenus dans la première section, jusqu'à l'âge de soixante-huit ans, les lieutenants généraux qui seraient l'objet d'une ordonnance speciale, délibérée en conseil et inscrite au *Bulletin des Lois*.

Sont exceptés des dispositions précédentes les lieutenants généraux qui satisferont aux conditions pré-

PROJET DE LOI
Présenté par le Gouvernement.

PROJET DE LOI
Amendé par la Commission.

vues dans le troisième paragraphe de l'art. 1er.

Les dispositions de l'art. 5 ne sont pas applicables aux officiers généraux qui se trouveraient dans l'un des cas prévus par la loi du 19 mai 1834.

Art. 6.

Le temps d'activité ne pourra être prolongé que jusqu'à soixante - huit ans pour les lieutenants généraux, excepté ceux qui auront commandé en chef, en temps de guerre, une armée ou un corps d'armée, et jusqu'à soixante-cinq ans pour les maréchaux de camp.

(Article supprimé dans le projet de loi amendé par la Commission).

Art. 7.

Lorsque le cadre d'activité de l'état-major général de l'armée excédera les limites fixées par l'art. 2, il ne pourra être fait qu'une promotion sur trois vacances, si ce n'est pour services de guerre éminents.

Art. 6.

Lorsque le cadre d'activité de l'état-major général de l'armée excédera les limites fixées par l'art. 2, il ne pourra être fait qu'une promotion sur trois vacances.

Art. 8.

A l'avenir, la position de la retraite est supprimée pour les officiers généraux.

Art. 7.

A l'avenir, les officiers généraux ne seront mis à la retraite que sur leur demande.

PROJET DE LOI	**PROJET DE LOI**
Présenté par le Gouvernement.	*Amendé par la Commission:*

PROJET DE LOI

Présenté par le Gouvernement.

PROJET DE LOI

Amendé par la Commission:

Art. 8.

Les officiers généraux de la deuxième section reçoivent les trois cinquièmes de la solde de leur grade, sans les accessoires.

Dispositions transitoires.

Dispositions transitoires.

Art. 9.

Les officiers généraux mis en non-activité par l'ordonnance du 28 août 1836, et ceux qui font actuellement partie du cadre de réserve institué par l'ordonnance royale du 15 novembre 1830, seront placés dans la deuxième section créée par l'art. 2 de la présente loi. Néanmoins ceux qui n'auront pas atteint la limite d'âge déterminée à l'art. 5, sont susceptibles de passer dans la section d'activité.

Art. 9.

Comme au projet.

Art. 10.

(Reproduit ci-dessus par l'art. 8 du projet amendé par la Commission.)

Les officiers généraux de la deuxième section recevront les deux cinquièmes de la solde de leur grade, sans les accessoires.

Art. 10.

Les dispositions de la pré—

<table>
<tr><td>

PROJET DE LOI

Présenté par le Gouvernement.

</td><td>

PROJET DE LOI

Amendé par la Commission.

---

sente loi ne sont pas applicables aux officiers généraux actuellement en réforme, et dont la position reste fixée par l'art. 2 de la loi du 19 mai 1834.

</td></tr>
<tr><td>

Art. 11.

Toutes dispositions contraires à la présente loi, sont et demeurent abrogées.

</td><td>

Art. 11.

Comme au projet.

</td></tr>
</table>

A. HENRY, Imprimeur de la Chambre des Députés, rue Git-le-Cœur, 8. (Juin 1839.)